러시아어
토르플 기초단계
실전 모의 고사

러시아어 토르플 기초단계 실전 모의 고사

초판 인쇄 2017년 07월 21일
초판 발행 2017년 07월 28일

지은이 Ilona Istomina

펴낸이 김선명
펴낸곳 뿌쉬낀하우스
편집 Evgeny Shtefan, 김영실
디자인 박은비

주소 서울시 중구 동호로 15길 8, 리오베빌딩 3층
전화 02) 2237-9387
팩스 02) 2238-9388
홈페이지 www.pushkinhouse.co.kr

출판등록 2004년 3월1일 제2004-0004호

ISBN 978-89-92272-23-0 14790
978-89-92272-64-3 (세트)

© Ilona Istomina
© Pushkin House, 2017

저작권법에 의해 한국 내에서 보호를 받는 저작물이므로 무단 전재와 무단 복제를 금합니다.

Тест по русскому языку как иностранному
Элементарный уровень

토르플 고득점을 위한 모의고사 시리즈

TORFL
러시아어
토르플 기초단계
실전 모의 고사 ①

И. А. Истомина 지음

뿌쉬낀하우스

※ MP3 파일은 뿌쉬낀하우스 홈페이지(www.pushkinhouse.co.kr)에서 무료로 내려받을 수 있습니다.
　또한 스마트폰을 통해 QR코드를 스캔하면 듣기 영역 MP3 파일을 바로 청취할 수 있습니다.

contents

토르플 길라잡이 _6

1부 테스트

Субтест 1.　ЛЕКСИКА. ГРАММАТИКА 어휘, 문법 영역　_11

Субтест 2.　ЧТЕНИЕ 읽기 영역　_22

Субтест 3.　АУДИРОВАНИЕ 듣기 영역　_32

Субтест 4.　ПИСЬМО 쓰기 영역　_36

Субтест 5.　ГОВОРЕНИЕ 말하기 영역　_37

2부 정답

어휘, 문법 영역 정답 _43

읽기 영역 정답 _45

듣기 영역 정답 및 녹음 원문 _46

쓰기 영역 예시 답안 _54

말하기 영역 예시 답안 _56

첨부: 답안지 РАБОЧИЕ МАТРИЦЫ _59

1. 토르플 시험이란?

토르플(TORFL)은 'Test of Russian as a Foreign Language'의 약자로 러시아 교육부 산하기관인 '러시아어 토르플 센터'에서 주관하는 외국인 대상 러시아어 능력 시험이다. 기초 단계에서 4단계까지 총 여섯 단계로 나뉘어 있으며 시험 과목은 어휘·문법, 읽기, 듣기, 쓰기, 말하기의 다섯 영역으로 구성되어 있다. 현재 토르플은 러시아 내 대학교의 입학 시험, 국내 기업체, 연구소, 언론사 등에서 신입사원 채용 시험 및 직원들의 러시아어 실력 평가를 위한 방법으로 채택되고 있다.

2. 토르플 시험 단계

토르플 시험은 기초단계, 기본단계, 1단계, 2단계, 3단계, 4단계로 나뉘어 있다.

- 기초단계 (элементарный уровень)
  일상생활에서 필요한 최소한의 러시아어 구사가 가능한 가장 기초 단계이다.

- 기본단계 (базовый уровень)
  일상생활에서 필요한 기본적인 의사 소통이 가능한 단계이다.

- 1단계 (I сертификационный уровень)
  일상생활에서의 자유로운 의사소통뿐만 아니라, 사회, 문화, 역사 등의 분야에서 러시아인과 대화가 가능한 공인단계이다. 러시아 대학에 입학하기 위해서는 1단계 인증서가 필요하며, 국내에서는 러시아어문계열 대학졸업시험이나 기업체의 채용 및 사원 평가 기준으로도 채택되고 있다.

- 2단계 (II сертификационный уровень)
  원어민과의 자유로운 대화뿐만 아니라, 문화, 예술, 자연과학, 공학 등 전문 분야에서도 충분히 의사소통이 가능한 공인단계이다. 2단계 인증서는 러시아 대학의 비어문계 학사 학위 취득을 위한 요건이며 석사 입학을 위한 자격 요건이기도 하다. 1단계와 마찬가지로 국내에서는 러시아어문계열 대학졸업시험이나 기업체의 채용 및 사원 평가 기준으로도 채택되고 있다.

· 3단계 (III сертификационный уровень)
사회 전 분야에 걸쳐 고급 수준의 의사소통 능력을 지니고 있어 러시아어로 전문적인 활동이 가능한 공인단계이다. 러시아 대학의 비어문계열 석사와 러시아어문학부 학사 학위를 취득하기 위해서 3단계 인증서가 필요하다.

· 4단계 (IV сертификационный уровень)
원어민에 가까운 러시아어 구사 능력을 지니고 있는 가장 높은 공인단계로, 이 단계의 인증서를 획득하면 러시아어문계열의 모든 교육과 연구 활동이 가능하다. 4단계 인증서는 러시아어문학부 석사, 비어문계열 박사, 러시아어 교육학 박사 등의 학위를 취득하기 위한 요건이다.

3. 토르플의 시험영역

토르플 시험은 어휘·문법, 읽기, 듣기, 쓰기, 말하기의 다섯 영역으로 구성되어 있다.

· 어휘·문법 영역 (ЛЕКСИКА. ГРАММАТИКА)
객관식 필기 시험으로 어휘와 문법을 평가한다. (*사전 이용 불가)

· 읽기 영역 (ЧТЕНИЕ)
객관식 필기 시험으로 주어진 본문과 문제를 통해 독해 능력을 평가한다. (*사전 이용 가능)

· 듣기 영역 (АУДИРОВАНИЕ)
객관식 필기 시험으로 들려 주는 본문과 문제를 통해 이해 능력을 평가한다. (*사전 이용 불가)

· 쓰기 영역 (ПИСЬМО)
주관식 필기 시험으로 주제에 알맞은 작문 능력을 평가한다. (*사전 이용 가능)

· 말하기 영역 (ГОВОРЕНИЕ)
주관식 구술 시험으로 주어진 상황에 적합한 말하기 능력을 평가한다. (*사전 이용이 가능한 문제도 있음)

4. 토르플 시험의 영역별 시간

구 분	기초 단계	기본 단계	1단계	2단계	3단계	4단계
어휘·문법 영역	50분	50분	60분	90분	90분	60분
읽기 영역	50분	50분	50분	60분	60분	60분
듣기 영역	30분	30분	35분	35분	35분	45분
쓰기 영역	40분	50분	60분	55분	75분	80분
말하기 영역	25분	40분	60분	45분	45분	50분

*토르플 시험의 영역별 시간은 시험 시행기관마다 조금씩 다를 수 있습니다.

5. 토르플 시험의 영역별 만점

구분	기초 단계	기본 단계	1단계	2단계	3단계	4단계
어휘·문법 영역	100	110	165	150	100	141
읽기 영역	120	180	140	150	150	136
듣기 영역	100	180	120	150	150	150
쓰기 영역	80	80	80	65	100	95
말하기 영역	130	180	170	145	150	165
총 점수	530	730	675	660	650	687

6. 토르플 시험의 합격 점수

구분	기초 단계	기본 단계	1단계	2단계	3단계	4단계
어휘·문법 영역	75–100점 (66%이상)	82–110점 (66%이상)	109–165점 (66%이상)	99–150점 (66%이상)	66–100점 (66%이상)	93–141점 (66%이상)
읽기 영역	90–120점 (66%이상)	135–180점 (66%이상)	92–140점 (66%이상)	99–150점 (66%이상)	99–150점 (66%이상)	89–136점 (66%이상)
듣기 영역	75–100점 (66%이상)	135–180점 (66%이상)	79–120점 (66%이상)	99–150점 (66%이상)	99–150점 (66%이상)	99–150점 (66%이상)
쓰기 영역	60–80점 (66%이상)	60–80점 (66%이상)	53–80점 (66%이상)	43–65점 (66%이상)	66–100점 (66%이상)	63–95점 (66%이상)
말하기 영역	98–130점 (66%이상)	135–180점 (66%이상)	112–170점 (66%이상)	96–145점 (66%이상)	99–150점 (66%이상)	108–165점 (66%이상)

1부 테스트

Субтест 1. ЛЕКСИКА. ГРАММАТИКА

Инструкция по выполнению субтеста

- Время выполнения субтеста – 50 минут.

- Субтест включает 6 частей (70 заданий).

- При выполнении субтеста пользоваться словарём нельзя.

- Вы получили тест и матрицу. Напишите ваши имя и фамилию на каждом листе матрицы.

- В тесте слева даны предложения (1, 2 и т. д.), справа – варианты выбора. Выберите правильный вариант и отметьте соответствующую букву в матрице.

  Например:

  (Б – правильный ответ).

- Если вы ошиблись и хотите исправить ошибку, сделайте так:

  | А | Ⓑ | ⊗ | Г |

  (В – ошибка, Б – правильный вариант).

ЧАСТЬ 1

Задания 1–26. Выберите правильный вариант.

| 1. Мы вчера были … интересном концерте. | (А) в
(Б) на |

2. … каком курсе ты учишься?	(А) В (Б) На
3. Мой старший брат … в университете английский язык.	(А) учится (Б) изучает (В) занимается (Г) учит
4. Олег … в Московском государственном университете.	
5. Как … эта опера?	(А) называется (Б) зовут
6. Преподавателя … Игорь Иванович?	
7. Вы знаете, как правильно читать … это слово?	(А) русские (Б) русский язык (В) по-русски
8. Извините, я ещё плохо знаю … .	
9. … ты пошёл?	(А) Где (Б) Что (В) Куда (Г) Откуда
10. … ты купил этот подарок?	(А) Кого (Б) Кем (В) Кому (Г) Кто
11. Я ещё не был … Екатеринбурге.	(А) город (Б) в городе (В) городу (Г) городской

12. Я думаю, что уже видел … площадь.	(А) эта (Б) эту (В) этой (Г) эти
13. Раньше Минсу хорошо … по-русски, но сейчас почти забыл русский язык.	(А) говорил (Б) рассказывал (В) знал (Г) спрашивал
14. Я не … идти на футбольный матч, потому что я не люблю спорт.	(А) знаю (Б) могу (В) умею (Г) хочу
15. Алексей ещё очень …, ему только 20 лет.	(А) молодой (Б) молодость (В) молодо (Г) младший
16. Им … русские народные песни.	(А) любят (Б) могут (В) хотят (Г) нравятся
17. Каждый знает Александра Сергеевича Пушкина. Все читали … стихи.	(А) его (Б) её (В) вашего (Г) их
18. Во сколько ты придёшь … работы?	(А) в (Б) с (В) на (Г) из

19. Я вчера был занят, поэтому не смог пойти … врачу.	(А) у (Б) к (В) на (Г) из
20. Ей 23 года, и она очень красивая … .	(А) девочка (Б) девушка (В) дедушка (Г) бабушка
21. … передача – моя самая любимая.	(А) Эту (Б) Эта (В) Этой (Г) Этого
22. В следующем году я поеду в … .	(А) Россию (Б) Россия (В) Россией (Г) России
23. Покажите … паспорт, пожалуйста.	(А) вашего (Б) ваше (В) ваш (Г) вашим
24. Как вы … чувствуете?	(А) себя (Б) собой (В) себе (Г) о себе
25. … эта книга?	(А) Чем (Б) Что (В) О чём (Г) Чего

26. Ты можешь купить конверт на … .	(А) почта (Б) почту (В) почте (Г) почты

ЧАСТЬ 2

Задания 27-30. Выберите правильный вариант.

Самые … **(27)** праздники в Корее – Чхусок и Сольналь. Это … **(28)** дни. Обычно корейцы едут на родину, чтобы увидеть семью. Люди вместе едят, разговаривают. Это … **(29)** и … **(30)** время!

27. (А) большой
(Б) большая
(В) большое
(Г) большие

28. (А) «красный»
(Б) «красная»
(В) «красное»
(Г) «красные»

29. (А) интересный
(Б) интересная
(В) интересное
(Г) интересные

30. (А) счастливый
(Б) счастливая
(В) счастливое
(Г) счастливые

Задания 31–34. Выберите правильный вариант.

… **(31)** зовут Антон. … **(32)** 24 года. … **(33)** очень нравится играть в теннис. Обычно мой брат играет … **(34)**.

31. (А) Я
    (Б) Мне
    (В) Меня
    (Г) У меня

32. (А) Меня
    (Б) Мне
    (В) Я
    (Г) Обо мне

33. (А) Мной
    (Б) Я
    (В) Меня
    (Г) Мне

34. (А) мной
    (Б) мне
    (В) со мной
    (Г) я

ЧАСТЬ 3

Задания 35–47. Выберите правильный вариант.

Эдита Пьеха – известная и любимая всеми российская певица и актриса. Она родилась 31 … **(35)** 1937 года … **(36)**. В школе она занималась … **(37)**. В то время … **(38)** знала только французский и немецкий языки. Потом она училась … **(39)** и выучила русский язык.

… **(40)** прекрасно пела. Скоро она познакомилась с Александром Броневицким. Он пригласил … **(41)** в музыкальный студенческий ансамбль.

Был первый концерт. … **(42)** Эдита пела песню «Красный автобус» 4 раза! После … **(43)** Эдита сразу стала известной.

… **(44)** очень музыкальная семья: дочь Илона – артистка, внук Стас – певец.

Сейчас Эдита Пьеха живёт недалеко от города … **(45)**. В свободное время любит играть … **(46)** и ездить … **(47)**.

35. (А) июль
(Б) июле
(В) июлю
(Г) июля

36. (А) Францию
(Б) Франции
(В) во Франции
(Г) из Франции

37. (А) спортом
(Б) со спортом
(В) спорте
(Г) спорта

38. (А) певица
(Б) певицу
(В) певице
(Г) о певице

39. (А) Ленинград
(Б) в Ленинграде
(В) с Ленинградом
(Г) из Ленинграда

40. (А) Эдита Пьеха
(Б) Эдитой Пьехой
(В) Эдиты Пьехи
(Г) Эдите Пьехе

41. (А) Эдиту
(Б) Эдите
(В) Эдита
(Г) Эдитой

42. (А) Концерта
(Б) Концерт
(В) На концерте
(Г) Концертом

43. (А) концерт
(Б) концерта
(В) о концерте
(Г) концерты

44. (А) У Эдиты
(Б) Эдита
(В) Эдите
(Г) Эдиту

45. (А) Санкт-Петербург
(Б) Санкт-Петербурга
(В) Санкт-Петербургом
(Г) Санкт-Петербургу

46. (А) бадминтон
(Б) в бадминтон
(В) на бадминтоне
(Г) с бадминтоном

47. (А) велосипедом
(Б) на велосипеде
(В) велосипед
(Г) о велосипеде

ЧАСТЬ 4

Задания 48–58. Выберите правильный вариант.

Я очень люблю … **(48)** друзей в гости.

Вчера я … **(49)** в гости Машу и Ирину. Я долго думала, что … **(50)** моим гостям. Я … **(51)** в магазин и … **(52)** Маше CD Андреа Бочелли, потому что она недавно … **(53)** на его концерт, а Ирине – фотоальбом, потому что Ирина скоро … **(54)** фотографом.

Вчера мы вместе … **(55)** кино, … **(56)** об университете. Мы хорошо отдохнули. Ирина … **(57)**, что в следующий раз она … **(58)** нас.

48. (А) приглашать
(Б) пригласить
(В) приглашала

49. (А) приглашала
(Б) пригласила
(В) приглашу

50. (А) подарила
(Б) подарить
(В) дарила

51. (А) пошла
(Б) пойти
(В) пойду

52. (А) покупала
(Б) буду покупать
(В) купила

53. (А) ходила
(Б) ходит
(В) пойдёт

54. (А) работала
(Б) работает
(В) будет работать

55. (А) посмотрим
(Б) смотрим
(В) смотрели

56. (А) разговариваем
(Б) разговаривали
(В) будем разговаривать

57. (А) говорит
(Б) скажет
(В) сказала

58. (А) будет фотографировать
(Б) фотографировала
(В) фотографирует

ЧАСТЬ 5

Задания 59–64. Выберите правильный вариант.

Два дня назад моя сестра … **(59)** пешком в университет. Обычно она … **(60)** на метро, но вдруг она захотела … **(61)** пешком. До университета на метро надо … **(62)** 20 минут, а пешком она … **(63)** один час. После этого моя сестра решила всегда … **(64)** в университет на транспорте.

59. (А) ходит
(Б) едет
(В) ходила

60. (А) поедет
(Б) ездит
(В) ходит

61. (А) пойти
(Б) поехать
(В) ездить

62. (А) ездить
(Б) едет
(В) ехать

63. (А) ходит
(Б) шла
(В) ходила

64. (А) ехать
(Б) идти
(В) ездить

ЧАСТЬ 6

Задания 65–70. Выберите правильный вариант.

Моей жене нравится отдыхать дома. … **(65)** мне тоже. … **(66)** у нас есть время, мы читаем книги или смотрим телевизор. … **(67)** у нас много дел и мало времени, мы просто пьём горячий чай и немного разговариваем.

Моя жена думает, … **(68)** дом – это самое хорошее место в мире. Я … **(69)** так думаю.

Мы любим друг друга, … **(70)** с радостью проводим время вместе.

65. (А) А
(Б) И
(В) Но

66. (А) Если
(Б) Так
(В) Как

67. (А) Где
(Б) Когда
(В) Тогда

68. (А) что
(Б) как
(В) кто

69. (А) как
(Б) и
(В) тоже

70. (А) поэтому
(Б) потому что
(В) если

Субтест 2. ЧТЕНИЕ

Инструкция по выполнению субтеста

- Время выполнения субтеста – 50 минут.

- Субтест состоит из 5 частей (30 заданий).

- При выполнении субтеста можно пользоваться словарём.

- При выполнении заданий нужно выбрать правильный вариант ответа и отметить соответствующую букву в матрице.

Например:

| А | (Б) | В | Г |

(Б – правильный ответ).

- Если вы ошиблись и хотите исправить ошибку, сделайте так:

| А | (Б) | ⊗ | Г |

(В – ошибка, Б – правильный вариант).

ЧАСТЬ 1

Задания 1–4. Продолжите высказывание.

1. Дорогие студенты! Приглашаем вас на выставку картин русских художников. ...

(А) Приходите в общежитие номер 3.

(Б) Приходите в кинотеатр «Салют».

(В) Приходите в Городской музей.

2. Тут очень жарко. ...

  (А) Откройте окно!

  (Б) Закройте окно!

  (В) Возьмите пальто!

3. В прошлом году я ездил в Россию. ...

  (А) Я никогда не был в России.

  (Б) Я хочу поехать ещё раз.

  (В) Я поеду в Россию первый раз.

4. Извините, где находится кафедра русского языка? ...

  (А) На чём я могу доехать?

  (Б) Здесь есть остановка?

  (В) На первом или на втором этаже?

ЧАСТЬ 2

Задания 5–8. Прочитайте объявления и выполните задания.

5.
| Уважаемые пассажиры! С 1 января 2017 года билет на одну поездку будет стоить 35 рублей. |

Это объявление:
(А) в музее
(Б) в автобусе
(В) в театре

6.
| Уроки русского языка каждый день, в разное время! Центр «Матрёшка» Тел.: 255-44-26 |

Уроки будут:
(А) только утром
(Б) утром, днём и вечером
(В) только днём

7.

> В Центре искусств пройдёт выставка «Русский народный костюм».
>
> Вы увидите, какая одежда была в России 2 века назад, и сможете сфотографироваться в русском костюме!

Вас приглашают:
(А) в магазин
(Б) в фотосалон
(В) на выставку

8.

> Центр иностранных языков «Мастер-спик» приглашает преподавателей корейского языка.
>
> Зарплата: 300 руб/час
> Знание русского языка обязательно.
> Адрес: Санкт-Петербург, ул. Победы, 76.

Вас приглашают:
(А) изучать русский язык
(Б) работать
(В) изучать корейский язык

ЧАСТЬ 3

Задания 9–12. Прочитайте фрагменты объявлений и статей и выполните задания к ним.

9. В Новый год на главной городской площади будет работать выставка фигур из снега. Здесь вы сможете увидеть фигуры известных людей – Элвиса Пресли, Альберта Эйнштейна, королевы Елизаветы, Чарли Чаплина … Все фигуры сделают профессиональные художники. Вход свободный.

Это объявление:

(А) о выставке

(Б) о художнике

(В) о площади

10. Кто в семье должен зарабатывать деньги, а кто делать покупки? Часто работает муж, а тратит деньги жена. Если жена думает, что муж мало зарабатывает, а муж думает, что жена слишком много покупает, то начинаются проблемы. Надо всегда помнить: муж и жена – это самые близкие друзья. А делать покупки вместе – это большое счастье.

О чём эта статья?

(А) семья и деньги

(Б) друзья и деньги

(В) семья и друзья

11. Вы не знаете, как отдохнуть? Одним людям для отдыха нужны море, солнце, песок, жаркий климат. Другие любят гулять по городу, фотографировать исторические здания, пить кофе в кафе. А вы знаете, что самый хороший отдых – это обычный восьмичасовой сон? Спите хорошо, и вы будете чувствовать себя прекрасно везде и всегда!

Это статья:

(А) об отдыхе

(Б) о городе

(В) о погоде

12. Лайф-коуч – это новая профессия. Лайф-коуч – это консультант. Он помогает другим людям жить, получать хорошие результаты в жизни, рисует их будущее. Он расскажет, какую книгу надо прочитать, и посоветует, где лучше отдыхать. Лайф-коуч хорошо знает, как соединить вместе семью, работу, друзей, здоровье, хобби.

Это статья:
(А) о профессии
(Б) о хобби
(В) о жизни

ЧАСТЬ 4

Задания 13–20. Прочитайте текст и выполните задания.

Сегодня картофель фри с соусами продают в любом кафе. Это любимое блюдо молодёжи, которая часто ест фастфуд.

Готовить картофель фри очень легко: надо порезать картошку на кусочки по 10 сантиметров и жарить в масле 5–7 минут.

Говорят, что картофель фри зародился в Бельгии ещё в конце 17 века. Как рассказывают жители Бельгии, картофель фри впервые приготовили недалеко от города Льежа. Люди там часто жарили рыбу, которая жила в местной реке. Её резали на маленькие кусочки, потом жарили в масле. Но зимой на реке был лёд, рыбы не было. Тогда появилась идея жарить не рыбу, а картофель.

Название блюда происходит от слова Frite – фамилии одного бельгийца, который в 1861 году первый начал продавать картофель фри.

В 2008 году в центре города Брюгге (Бельгия), в старинном здании 17 века открылся Музей картофеля фри. Там можно познакомиться с историей и рецептами картофеля фри. Музей открыт ежедневно с 10 до 17 часов.

Задание 13. Выберите наиболее точное название текста.

13. (А) Музей картофеля фри

(Б) История картофеля фри

(В) Рецепт картофеля фри

Задания 14–20. Выберите информацию, которая соответствует тексту.

14. Картофель фри появился:

(А) в 1861 году

(Б) в конце 18 века

(В) в конце 17 века

15. Родина картофеля фри:

(А) Германия

(Б) Бельгия

(В) Россия

16. Чтобы приготовить картофель фри, нужно взять:

(А) картофель и масло

(Б) картофель и рыбу

(В) картофель и воду

17. Frite – это:

(А) русская фамилия

(Б) бельгийская фамилия

(В) немецкая фамилия

18. Картофель фри обычно готовят:

(А) час

(Б) 10 часов

(В) 5–7 минут

19. Музей картофеля фри работает в:

(А) городе Льеже

(Б) городе Брюгге

(В) городе Москве

20. Музей картофеля фри:

(А) работает каждый день

(Б) открыт только зимой

(В) сейчас не работает

ЧАСТЬ 5

Задания 21–30. Прочитайте текст и выполните задания.

Я пришёл домой, сел за стол и сказал:

– Я, мама, сейчас очень голодный.

Она вышла и через секунду вернулась с тарелкой в руках. Я подумал, что это мой любимый суп.

– Ешь! – сказала мама.

Но это была лапша. Молочная. Которую я не люблю.

Я сказал:

– Я не буду лапшу!

Мама сказала:

– Ешь, без разговоров!

Тут вошёл папа. Мама сказала:

– Посмотри! Не хочет есть. Мальчику скоро 11 лет, а он как девочка.

– А почему не хочет?

Я сказал:

– Это лапша, а я её не люблю.

Папа сел на стул и посмотрел на меня.

– Я никогда не забуду ту страшную осень, — сказал папа. — Война, немцы около Москвы… Мне тогда лет 12 было, и я всегда очень есть хотел. Я просил хлеба у родителей, и они мне давали свой хлеб, но этого было мало. И я ложился спать голодный… И вот однажды иду я по улице, недалеко от нашего дома, и вдруг вижу — стоит большая машина с арбузами. И несколько мужчин эти арбузы в магазин носят. Я долго стоял и смотрел.

И вдруг один тяжёлый арбуз упал на дорогу. Рядом со мной. Яркий, красный, вкусный арбуз. И тут я понял, как сильно мне хочется есть. Но я пошёл домой. Вдруг слышу – зовут: «Мальчик, мальчик!» Ко мне подошёл один мужчина и дал мне тот арбуз, который упал. Я был счастлив. Я с трудом принёс арбуз домой, позвал своего друга Вальку, и мы с ним быстро съели этот арбуз. Ах, как было вкусно!.. А потом стало совсем холодно, шёл снег, был сильный ветер. И еды у нас было совсем мало, и я всё время был голодный. И тогда я думал о хлебе и арбузах. И я позвал Вальку: «Пойдём, Валька, может быть, там опять арбузы привезли». На улице было очень холодно. Мы стояли на улице, но никого не было. И уже стало совсем темно, но машина не приехала. Я сказал: «Наверно, завтра приедет…» И мы пошли домой. А завтра снова пошли туда, и снова никто не приехал. И мы каждый день так ходили и ждали…

Папе было трудно это вспоминать. Он вышел. Мама тоже ушла.

Я сидел один и смотрел в окно. Там было холодно и темно. Я думал о папе, о Вальке, о войне... И я вдруг взял свою лапшу и быстро-быстро всё-всё съел и выпил всё молоко, до конца.

(по В. Драгунскому)

21. Тема рассказа папы:
  (А) война
  (Б) дружба
  (В) осень

Задания 22–25. Выберите информацию, которая:
  (А) соответствует тексту
  (Б) не соответствует тексту
  (В) отсутствует в тексте

22. Мальчик не хотел есть хлеб.

23. Папа с другом съели арбуз.

24. У мальчика есть сестра.

25. Мама сварила молочный суп.

Задания 26–30. Выберите правильный ответ.

26. Мальчику (автору)...
  (А) 11 лет
  (Б) 10 лет
  (В) 12 лет

27. Мальчик не хотел есть лапшу, потому что...

(А) он был не голодный

(Б) он не любит молочную лапшу

(В) он любит только арбузы

28. Папа рассказал о себе, потому что...

(А) он хотел научить сына

(Б) он любит рассказывать интересные истории

(В) мальчик просил папу рассказать

29. Папа съел арбуз...

(А) один

(Б) с семьёй

(В) с другом

30. Мальчик съел лапшу, потому что...

(А) мама его попросила

(Б) лапша была вкусная

(В) ему было жаль папу

Субтест 3. АУДИРОВАНИЕ

Инструкция по выполнению субтеста

- Время выполнения субтеста – 30 минут.

- Субтест состоит из 5 частей (25 заданий).

- При выполнении субтеста пользоваться словарём нельзя.

- После каждого прослушанного сообщения или диалога нужно выполнить задание: выбрать правильный вариант ответа и отметить соответствующую букву в матрице.

Например:

(Б – правильный ответ).

- Если вы ошиблись и хотите исправить ошибку, сделайте так:

(В – ошибка, Б – правильный вариант).

- Все аудиотексты звучат два раза.

ЧАСТЬ 1

Задания 1–4. Прослушайте сообщения, выберите из трёх предложений (А, Б, В) то, которое достаточно точно передаёт смысл прослушанного.

(Звучат сообщения и задания к ним)

1. (А) В следующий вторник студенты пойдут в больницу.

(Б) В четверг преподаватели и студенты пойдут в больницу.

(В) Студенты пойдут к врачу в четверг после уроков.

2. (А) Закройте окно: очень жарко!

(Б) Сегодня холодная погода, закройте окно.

(В) Здесь холодно, откройте окно!

3. (А) В нашем городе нет метро и автобусов.

(Б) На автобусе или на метро можно поехать в театр.

(В) Мы можем поехать в кино на автобусе.

4. (А) 9 мая будет концерт для студентов.

(Б) 9 мая в 16 часов будет фильм о студентах.

(В) Студенты с 9 по 16 мая не учатся.

ЧАСТЬ 2

Задания 5–7. Прослушайте диалоги и определите, где (в каком месте) разговаривают эти люди.

(Звучат диалоги и задания к ним)

5. Они говорят … .

(А) в метро

(Б) в больнице

(В) на улице

6. Они говорят … .

    (А) в театре

    (Б) в больнице

    (В) на улице

7. Они говорят … .

    (А) на уроке

    (Б) в магазине фруктов

    (В) в книжном магазине

ЧАСТЬ 3

Задания 8–11. Прослушайте диалоги и выполните задания к ним.

(Звучат диалоги и задания к ним)

8. Когда Квонмин поедет в Санкт-Петербург?

    (А) в декабре

    (Б) в январе

    (В) в феврале

    (Г) в июле

9. Что не любит Алёна?

    (А) шоколад

    (Б) цветы

    (В) кино

    (Г) фрукты

10. Какая сумка нравится Игорю?

(А) очень дорогая

(Б) не очень дорогая

(В) очень дешёвая

(Г) никакая

11. Куда завтра пойдут студенты?

(А) на почту

(Б) в театр

(В) в университет

(Г) в больницу

ЧАСТЬ 4

Задания 12–18. Прочитайте в матрице вопросы, на которые Вы будете отвечать. Слушайте диалог и записывайте информацию в матрицу.

ЧАСТЬ 5

Задания 19–25. Слушайте информацию, которую Мария даёт студентам. Слушайте и записывайте ответы на вопросы в матрицу.

Субтест 4. ПИСЬМО

Инструкция по выполнению теста

- Время выполнения субтеста – 40 минут.
- Субтест содержит одно задание.
- При выполнении субтеста можно пользоваться словарём.

Задание. Вы хотите написать письмо своему русскому преподавателю и поздравить его с днём рождения.

В письме расскажите о своей жизни, о том, чем вы сейчас занимаетесь:

– учитесь или работаете,
– продолжаете изучать русский язык или нет,
– есть у вас на родине русские друзья или нет,
– что вы обычно делаете каждый день,
– что вы делаете в субботу и воскресенье,
– что планируете делать в будущем.

В вашем письме должно быть не менее 15 предложений.

Субтест 5. ГОВОРЕНИЕ

Инструкция по выполнению субтеста

- Время выполнения субтеста – 25 минут.
- Субтест включает 3 задания.
- При выполнении субтеста пользоваться словарём нельзя.

Инструкция к выполнению задания 1

- Время выполнения задания – 5 минут.
- Задание выполняется без предварительной подготовки. Вам нужно принять участие в диалогах. Вы слушаете реплику преподавателя и отвечаете. Если вы не можете дать ответ, не задерживайтесь, слушайте следующую реплику.
- Помните, что вы должны дать полный ответ (ответы «да», «нет» или «не знаю» не являются полными).

Задание 1 (позиции 1–5). Примите участие в диалоге. Ответьте собеседнику.

1. – Извините, где находится автобусная остановка?
   – … .

2. – Вы знаете, когда будет экзамен?
   – … .

3. – Какая книга вам нравится?
   – … .

4. – Скажите, пожалуйста, сколько стоит этот словарь?

– … .

5. – Скажите, вы можете читать по-русски?

– … .

Инструкция к выполнению задания 2

- Время выполнения задания – 5 минут.
- Задание выполняется без подготовки. Вам нужно принять участие в диалоге. Вы знакомитесь с ситуацией и после этого начинаете диалог. Если ситуация покажется вам трудной, переходите к следующей ситуации.

Задание 2 (позиции 6–10). Познакомьтесь с описанием ситуации. Начните диалог.

6. Вы встретили своего друга (свою подругу). Спросите, как он (она) живёт, какие у него (у неё) новости.

7. Сегодня Новый год. Пригласите друга (подругу) в гости. Скажите, во сколько будет праздник.

8. Ваш друг (ваша подруга) заболел (заболела). Позвоните ему (ей) по телефону и узнайте, как он (она) себя чувствует.

9. Вы плохо себя чувствуете на уроке. Объясните это преподавателю.

10. Вы на уроке. Вы забыли учебник дома. Попросите у соседа.

Инструкция к выполнению задания 3

- Время выполнения задания – 15 минут (10 минут – подготовка, 5 минут – ответ).
- Вы должны подготовить сообщение на предложенную тему (10–12 фраз).

Задание 3. Подготовьте сообщение на тему «Погода».

Вопросы:

- Какая сегодня погода (хорошая или плохая, тёплая или холодная)?
- Сегодня есть солнце?
- Идёт снег или дождь?
- Откуда вы приехали?
- Какая погода сейчас в вашей стране (в вашем городе)?
- Когда хорошо отдыхать в вашей стране (в какое время года, в каком месяце)?
- Какую погоду вы любите?
- Какое время года вам нравится? Почему?
- Что вы делаете, когда на улице тепло?
- Чем вы занимаетесь в холодную погоду?

2부 정답

Контрольные матрицы

ЛЕКСИКА. ГРАММАТИКА

어휘, 문법 영역 정답

Часть 1	1	А	**Б**	В	Г
	2	А	**Б**	В	Г
	3	А	**Б**	В	Г
	4	**А**	Б	В	Г
	5	**А**	Б	В	Г
	6	А	**Б**	В	Г
	7	А	Б	**В**	Г
	8	А	**Б**	В	Г
	9	А	Б	**В**	Г
	10	А	Б	**В**	Г
	11	А	**Б**	В	Г
	12	А	**Б**	В	Г
	13	**А**	Б	В	Г
	14	А	Б	В	**Г**
	15	**А**	Б	В	Г
	16	А	Б	В	**Г**
	17	**А**	Б	В	Г
	18	А	**Б**	В	Г
	19	А	**Б**	В	Г
	20	А	**Б**	В	Г
	21	А	**Б**	В	Г
	22	**А**	Б	В	Г
	23	А	Б	**В**	Г
	24	**А**	Б	В	Г
	25	А	Б	**В**	Г

	26	А	Б	**В**	Г
Часть 2	27	А	Б	В	**Г**
	28	А	Б	В	**Г**
	29	А	Б	**В**	Г
	30	А	Б	**В**	Г
	31	А	Б	**В**	Г
	32	А	**Б**	В	Г
	33	А	Б	В	**Г**
	34	А	Б	**В**	Г
Часть 3	35	А	Б	В	**Г**
	36	А	Б	**В**	Г
	37	**А**	Б	В	Г
	38	**А**	Б	В	Г
	39	А	**Б**	В	Г
	40	**А**	Б	В	Г
	41	**А**	Б	В	Г
	42	А	Б	**В**	Г
	43	А	**Б**	В	Г
	44	**А**	Б	В	Г
	45	А	**Б**	В	Г
	46	А	**Б**	В	Г
	47	А	**Б**	В	Г
Часть 4	48	**А**	Б	В	Г
	49	А	**Б**	В	Г
	50	А	**Б**	В	Г

	№	А	Б	В	Г
	51	**А**	Б	В	Г
	52	А	Б	**В**	Г
	53	**А**	Б	В	Г
	54	А	Б	**В**	Г
	55	А	Б	**В**	Г
	56	А	**Б**	В	Г
	57	А	Б	**В**	Г
	58	**А**	Б	В	Г
Часть 5	59	А	Б	**В**	Г
	60	А	**Б**	В	Г
	61	**А**	Б	В	Г
	62	А	Б	**В**	Г
	63	А	**Б**	В	Г
	64	А	Б	**В**	Г
Часть 6	65	А	**Б**	В	Г
	66	**А**	Б	В	Г
	67	А	**Б**	В	Г
	68	**А**	Б	В	Г
	69	А	Б	**В**	Г
	70	**А**	Б	В	Г

ЧТЕНИЕ

읽기 영역 정답

Часть 1	1	А	Б	**В**
	2	**А**	Б	В
	3	А	**Б**	В
	4	А	Б	**В**
Часть 2	5	А	**Б**	В
	6	А	**Б**	В
	7	А	Б	**В**
	8	А	**Б**	В
Часть 3	9	**А**	Б	В
	10	**А**	Б	В
	11	**А**	Б	В
	12	**А**	Б	В
Часть 4	13	А	**Б**	В
	14	А	Б	**В**
	15	А	**Б**	В

	16	**А**	Б	В
	17	А	**Б**	В
	18	А	Б	**В**
	19	А	**Б**	В
	20	**А**	Б	В
Часть 5	21	**А**	Б	В
	22	А	**Б**	В
	23	**А**	Б	В
	24	А	Б	**В**
	25	А	**Б**	В
	26	А	**Б**	В
	27	А	**Б**	В
	28	**А**	Б	В
	29	А	Б	**В**
	30	А	Б	**В**

АУДИРОВАНИЕ
듣기 영역 정답

Часть 1	1	А	Б	**В**	Г
	2	А	**Б**	В	Г
	3	А	**Б**	В	Г
	4	**А**	Б	В	Г
Часть 2	5	А	Б	**В**	Г
	6	А	**Б**	В	Г
	7	А	Б	**В**	Г
Часть 3	8	А	**Б**	В	Г
	9	**А**	Б	В	Г
	10	А	**Б**	В	Г
	11	А	Б	В	**Г**

Часть 4

Студента зовут	*Сухён*
12. Он будет учиться…	*на факультете филологии*
13. Он должен прийти…	*в 12 часов*
14. Он должен взять…	*паспорт*
15. Он может заплатить…	*в банке (в университете)*
16. Ему нужно заплатить…	*100 000 (рублей)*
17. Он будет учиться в Москве…	*4 месяца*
18. Университет находится…	*на улице Пушкина, 25*

Часть 5

Что будет?	*Концерт*
19. Дата:	*25 декабря*
20. День:	*пятница*
21. Месяц:	*декабрь*
22. Время:	*19 часов*
23. Цена билетов:	*150 и 200 рублей*
Адрес: 24. Улица:	*проспект Мира*
25. Дом:	*12*

녹음 원문

ЧАСТЬ 1

Задания 1–4. Прослушайте сообщения, выберите из трёх предложений (А, Б, В) то, которое достаточно точно передаёт смысл прослушанного.

1. В следующий четверг после уроков студенты должны пойти в больницу.

(А) В следующий вторник студенты пойдут в больницу.

(Б) В четверг преподаватели и студенты пойдут в больницу.

(В) Студенты пойдут к врачу в четверг после уроков.

2. Сегодня на улице очень холодно. Закройте, пожалуйста, окно!

(А) Закройте окно: очень жарко!

(Б) Сегодня холодная погода, закройте окно.

(В) Здесь холодно, откройте окно!

3. Вы можете доехать до театра на метро или на автобусе.

(А) В нашем городе нет метро и автобусов.

(Б) На автобусе или на метро можно поехать в театр.

(В) Мы можем поехать в кино на автобусе.

4. Дорогие студенты! Приглашаем вас на праздничный концерт 9 мая в 16 часов!

(А) 9 мая будет концерт для студентов.

(Б) 9 мая в 16 часов будет фильм о студентах.

(В) Студенты с 9 по 16 мая не учатся.

ЧАСТЬ 2

Задания 5–7. Прослушайте диалоги и определите, где (в каком месте) разговаривают эти люди.

5. – Извините, где находится аптека?

– Идите прямо, потом налево. Около метро будет аптека.

– Спасибо!

Слушайте диалог ещё раз.

Они говорят...

(А) в метро

(Б) в больнице

(В) на улице

6. – Здравствуйте, доктор! Мне плохо. Я болен. У меня высокая температура.

– Что ещё болит?

– Ещё болит голова.

Слушайте диалог ещё раз.

Они говорят...
(А) в театре
(Б) в больнице
(В) на улице

7. – Добрый день! Я хочу купить этот учебник по русскому языку. Сколько он стоит?
– Этот учебник стоит 200 рублей.
– Так дёшево! Дайте два, пожалуйста. Один подарю другу.

Слушайте диалог ещё раз.

Они говорят...
(А) на уроке
(Б) в магазине фруктов
(В) в книжном магазине

ЧАСТЬ 3

Задания 8–11. Прослушайте диалоги и выполните задания к ним.

8. Когда Квонмин поедет в Санкт-Петербург?

Елена Михайловна: Квонмин, куда ты поедешь в январе?
Квонмин: После экзаменов я поеду в Санкт-Петербург.
Елена Михайловна: На чём поедешь?
Квонмин: На поезде.
Елена Михайловна: А сколько дней ты там будешь?
Квонмин: Две недели.

Слушайте диалог ещё раз.

Когда Квонмин поедет в Санкт-Петербург?

 (А) в декабре

 (Б) в январе

 (В) в феврале

 (Г) в июле

9. Что не любит Алёна?

Ольга: Что мы подарим Алёне на день рождения?

Иван: Давай купим шоколад и цветы. Хорошо?

Ольга: Ой, Алёна говорила, что не любит шоколад. Лучше купим цветы и билеты в кино!

Иван: Отлично!

Слушайте диалог ещё раз.

Что не любит Алёна?

 (А) шоколад

 (Б) цветы

 (В) кино

 (Г) фрукты

10. Какая сумка нравится Игорю?

Игорь: Здравствуйте! Я хочу купить большую сумку. Завтра я поеду на экскурсию в другой город.

Продавец: Есть дорогие сумки, есть дешёвые. Какая вам нравится?

Игорь: Не очень дорогая. Сколько стоит эта красная сумка?

Продавец: 500 рублей.

Игорь: Хорошо. Я куплю её.

Слушайте диалог ещё раз.

Какая сумка нравится Игорю?

(А) очень дорогая

(Б) не очень дорогая

(В) очень дешёвая

(Г) никакая

11. Куда завтра пойдут студенты?

Преподаватель: Все иностранные студенты завтра в 2 часа должны пойти в поликлинику.

Суён: Что нужно взять с собой?

Преподаватель: Возьмите паспорт и студенческий билет.

Суён: Мы все вместе пойдём?

Преподаватель: Да, встретимся в 13:30 и вместе пойдём.

Слушайте диалог ещё раз.

Куда завтра пойдут студенты?

(А) на почту

(Б) в театр

(В) в университет

(Г) в больницу

ЧАСТЬ 4

Задания 12–18. Прочитайте в матрице вопросы, на которые вы будете отвечать. Слушайте диалог и записывайте информацию в матрицу.

– Университет.

– Алло! Здравствуйте! Меня зовут Суён, я студент из Южной Кореи, буду учиться на факультете филологии.

– Чем могу вам помочь?

– Я только сегодня прилетел в Москву. Куда я должен прийти?

– Приходите на филологический факультет, сегодня в 12 часов.

– Какие документы мне нужно взять?

– Возьмите только паспорт.

– Где я могу заплатить за уроки?

– Вы можете заплатить в банке. Он находится в университете.

– Сколько стоит обучение?

– А сколько вы будете учиться?

– 4 месяца.

– 100 000 рублей.

– Скажите мне ещё, пожалуйста, адрес университета.

– Улица Пушкина, 25.

– Спасибо! До свидания!

– До свидания!

Слушайте диалог ещё раз.

ЧАСТЬ 5

Задания 19–25. Слушайте информацию, которую Мария даёт студентам. Слушайте и записывайте ответы на вопросы в матрицу.

Дорогие студенты! Здравствуйте!

Меня зовут Мария, я работаю в Театре оперы и балета.

Вы любите музыку? Вам нравится петь и танцевать? Вы интересуетесь культурой России? Наш театр открывает для вас свои двери.

25 декабря, в пятницу в 19 часов приглашаю всех на новогодний концерт. Такой концерт бывает только один раз в год! Вы услышите известные русские песни, которые знают и любят в России все! Во время концерта можно будет танцевать.

Выступают звёзды нашего города – прекрасные артисты Маргарита Степанова и Максим Филатов. Приходите сами и приглашайте ваших друзей.

Вход по билетам. Цена билетов – 150 и 200 рублей. Билеты можно купить сейчас или в любое время в кассе театра.

Наш театр находится в центре города, на проспекте Мира, 12. Спасибо за внимание!

Слушайте диалог ещё раз.

ПИСЬМО

쓰기 영역 예시 답안

Задание. Вы хотите написать письмо своему русскому преподавателю и поздравить его с днём рождения.

В письме расскажите о своей жизни, о том, чем вы сейчас занимаетесь.

– учитесь или работаете,

– продолжаете изучать русский язык или нет,

– есть у вас на родине русские друзья или нет,

– что вы обычно делаете каждый день,

– что вы делаете в субботу и воскресенье,

– что планируете делать в будущем.

В вашем письме должно быть не менее 15 предложений.

Первый вариант ответа

Здравствуйте, Анна Ивановна!

С днём рождения! Желаю Вам счастья и любви!

Я сейчас живу в Сеуле, работаю в фирме «Самсунг». Продолжаю изучать русский язык: купил новый учебник, смотрю русские фильмы. Ещё у меня есть в Корее русская подруга. Она здесь изучает корейский язык. Мы иногда вместе обедаем, говорим по-русски.

Каждый день я с утра до вечера на работе. Я очень занят. В выходные отдыхаю дома или встречаюсь с друзьями.

Скоро Новый год. У меня будет 3 выходных. Я поеду во Владивосток на экскурсию.

Я часто вспоминаю Ваши уроки. Спасибо Вам! Было очень интересно!

До свидания!

                                                                                                Хёнджун

Второй вариант ответа

Здравствуйте, Надежда Александровна!

С днём рождения! Желаю Вам счастья!

У меня всё хорошо. Сейчас я учусь в университете. Я продолжаю изучать русский язык. В Корее я занимаюсь сам. Я купил учебники в России, смотрю русские фильмы, пишу письма друзьям, которые живут в Санкт-Петербурге. Это интересно!

Обычно я весь день в университете: утром уроки, потом библиотека. Днём есть маленький перерыв. Я обедаю в столовой. Иду домой в 7 часов вечера. Ужинаю в 8 часов.

В выходные часто отдыхаю дома, иногда езжу за город с друзьями.

Скоро я окончу университет, поэтому сейчас думаю о работе. Хочу работать в фирме.

Я часто вспоминаю Вас и Ваши уроки. Спасибо за интересное время!

Санджун

ГОВОРЕНИЕ
말하기 영역 예시 답안

Задание 1 (позиции 1-5). Примите участие в диалоге. Ответьте собеседнику.

1. – Извините, где находится автобусная остановка?
   1) – <u>Автобусная остановка находится там, около магазина.</u>
   2) – <u>Автобусная остановка находится около кинотеатра. Идите вперёд, потом направо.</u>

2. – Вы знаете, когда будет экзамен?
   1) – <u>Экзамен будет в среду в 2 часа.</u>
   2) – <u>Экзамен будет в понедельник в 12 часов.</u>

3. – Какая книга вам нравится?
   1) – <u>Мне нравится книга Чехова «Дядя Ваня».</u>
   2) – <u>Мне нравится книга Льва Толстого «Война и мир».</u>

4. – Скажите, пожалуйста, сколько стоит этот словарь?
   1) – <u>Этот словарь стоит 450 рублей.</u>
   2) – <u>Этот большой словарь стоит 500 рублей.</u>

5. – Скажите, вы можете читать по-русски?
   1) – <u>Да, я могу говорить и читать по-русски.</u>
   2) – <u>Извините, я не могу читать по-русски. Я только немного говорю по-русски.</u>

Задание 2 (позиции 6-10). Познакомьтесь с описанием ситуации. Начните диалог.

6. Вы встретили своего друга (свою подругу). Спросите, как он (она) живёт, какие у него (у неё) новости.

1) Привет, Саша! Как дела? Как ты живёшь? Какие у тебя новости?

2) Привет, Марина! Как ты? Как дела? Какие у тебя новости?

7. Сегодня Новый год. Пригласите друга (подругу) в гости. Скажите, во сколько будет праздник.

1) Привет, Игорь! Ты сегодня свободен? Приглашаю тебя в гости. Приходи сегодня в 7 часов.

2) Саша, привет! Приглашаю тебя в гости. Сегодня Новый год. У меня дома будет праздник. Приходи в 9 часов вечера.

8. Ваш друг (ваша подруга) заболел (заболела). Позвоните ему (ей) по телефону и узнайте, как он (она) себя чувствует.

1) Алло! Привет, Катя! Как дела? Ты болеешь? Как ты себя чувствуешь?

2) Алло! Ирина! Привет. Как здоровье? Как ты? Сейчас хорошо?

9. Вы плохо себя чувствуете на уроке. Объясните это преподавателю.

1) Ольга Николаевна! Извините, мне плохо. У меня высокая температура и болит голова. Можно я пойду домой?

2) Татьяна Игоревна! Извините, мне плохо. У меня болит живот. Можно я пойду в общежитие?

10. Вы на уроке. Вы забыли учебник дома. Попросите у соседа.

1) Миша! Я сегодня забыл учебник дома. Дай мне, пожалуйста, на минуту твой учебник.

2) Джунхун! Я сегодня забыл учебник дома. Дай мне, пожалуйста.

Задание 3. Подготовьте сообщение на тему «Погода».

Первый вариант ответа

Сегодня в Москве хорошая, тёплая погода. Сегодня есть солнце, снега и дождя нет.

Я приехал из Южной Кореи, из Сеула. Сейчас в Сеуле холодно, идёт снег. В Корее хорошо отдыхать весной, в апреле или в мае. В это время года уже не холодно и ещё не очень жарко.

Я люблю тёплую погоду. Мне нравится лето, потому что можно отдыхать, путешествовать.

Когда на улице тепло, я гуляю по городу. В холодную погоду я сижу дома.

Второй вариант ответа

Сегодня в Сеуле очень холодно.

Солнца нет, снега тоже нет. Есть ветер.

Мой родной город – Пусан. Сейчас в Пусане не очень холодно, солнце. В Пусане хорошо отдыхать летом, в июне. Там есть море, очень красивое море. Я люблю лето, потому что мне нравится купаться, отдыхать на море. Моя любимая погода – жаркая. Когда на улице тепло, я гуляю по городу с друзьями, занимаюсь шопингом. В холодную погоду я отдыхаю дома или хожу в кино.

답안지

Рабочие матрицы

ГРАММАТИКА. ЛЕКСИКА

Имя, фамилия _____ Страна _____ Дата _____

Часть 1	1	А	Б	В	Г
	2	А	Б	В	Г
	3	А	Б	В	Г
	4	А	Б	В	Г
	5	А	Б	В	Г
	6	А	Б	В	Г
	7	А	Б	В	Г
	8	А	Б	В	Г
	9	А	Б	В	Г
	10	А	Б	В	Г
	11	А	Б	В	Г
	12	А	Б	В	Г
	13	А	Б	В	Г
	14	А	Б	В	Г
	15	А	Б	В	Г
	16	А	Б	В	Г
	17	А	Б	В	Г
	18	А	Б	В	Г
	19	А	Б	В	Г
	20	А	Б	В	Г
	21	А	Б	В	Г
	22	А	Б	В	Г
	23	А	Б	В	Г
	24	А	Б	В	Г
	25	А	Б	В	Г

	26	А	Б	В	Г
Часть 2	27	А	Б	В	Г
	28	А	Б	В	Г
	29	А	Б	В	Г
	30	А	Б	В	Г
	31	А	Б	В	Г
	32	А	Б	В	Г
	33	А	Б	В	Г
	34	А	Б	В	Г
Часть 3	35	А	Б	В	Г
	36	А	Б	В	Г
	37	А	Б	В	Г
	38	А	Б	В	Г
	39	А	Б	В	Г
	40	А	Б	В	Г
	41	А	Б	В	Г
	42	А	Б	В	Г
	43	А	Б	В	Г
	44	А	Б	В	Г
	45	А	Б	В	Г
	46	А	Б	В	Г
	47	А	Б	В	Г
Часть 4	48	А	Б	В	Г
	49	А	Б	В	Г
	50	А	Б	В	Г

	51	А	Б	В	Г
	52	А	Б	В	Г
	53	А	Б	В	Г
	54	А	Б	В	Г
	55	А	Б	В	Г
	56	А	Б	В	Г
	57	А	Б	В	Г
	58	А	Б	В	Г
Часть 5	59	А	Б	В	Г
	60	А	Б	В	Г
	61	А	Б	В	Г
	62	А	Б	В	Г
	63	А	Б	В	Г
	64	А	Б	В	Г
Часть 6	65	А	Б	В	Г
	66	А	Б	В	Г
	67	А	Б	В	Г
	68	А	Б	В	Г
	69	А	Б	В	Г
	70	А	Б	В	Г

ЧТЕНИЕ

Имя, фамилия _____ Страна _____ Дата _____

Часть 1	1	А	Б	В
	2	А	Б	В
	3	А	Б	В
	4	А	Б	В
Часть 2	5	А	Б	В
	6	А	Б	В
	7	А	Б	В
	8	А	Б	В
Часть 3	9	А	Б	В
	10	А	Б	В
	11	А	Б	В
	12	А	Б	В
Часть 4	13	А	Б	В
	14	А	Б	В
	15	А	Б	В

	16	А	Б	В
	17	А	Б	В
	18	А	Б	В
	19	А	Б	В
	20	А	Б	В
Часть 5	21	А	Б	В
	22	А	Б	В
	23	А	Б	В
	24	А	Б	В
	25	А	Б	В
	26	А	Б	В
	27	А	Б	В
	28	А	Б	В
	29	А	Б	В
	30	А	Б	В

АУДИРОВАНИЕ

Имя, фамилия _____ Страна _____ Дата _____

Часть 1	1	А	Б	В	Г
	2	А	Б	В	Г
	3	А	Б	В	Г
	4	А	Б	В	Г
Часть 2	5	А	Б	В	Г
	6	А	Б	В	Г
	7	А	Б	В	Г
Часть 3	8	А	Б	В	Г
	9	А	Б	В	Г
	10	А	Б	В	Г
	11	А	Б	В	Г

Часть 4

Студента зовут	*Сухён*
12. Он будет учиться…	*на …*
13. Он должен прийти…	*в …*
14. Он должен взять…	
15. Он может заплатить…	*в …*
16. Ему нужно заплатить…	*… (рублей)*
17. Он будет учиться в Москве…	
18. Университет находится…	*на …*

Часть 5

Что будет?	Концерт
19. Дата:	
20. День:	
21. Месяц:	
22. Время:	
23. Цена билетов:	
Адрес: 24. Улица:	
25. Дом:	

Дорога в Россию идет через Пушкинский дом!

러시아로 가는 길에 뿌쉬낀하우스가 있습니다!

러시아 교육문화센터
뿌쉬낀하우스는

2002년 러시아와 한국을 잇는 문화적 가교의 역할을 담당하고자 하는 취지로 개원하여 러시아어 교육과 러시아 관련 도서의 출판, 문화교류 등의 분야에서 선도적인 역할을 하고 있습니다.

뿌쉬낀하우스
온라인스쿨은

www.pushkinonline.co.kr

10여 년 동안 러시아어 교육분야에서 쌓아온 최고의 노하우를 여러분께 공개합니다.
이제 러시아어 전문 강사가 제공하는 최고의 강의를 온라인에서도 만나실 수 있습니다.

러시아 교육문화센터
뿌쉬낀하우스

교육센터 / 문화센터 / 출판센터
Tel. 02)2237-9387 Fax. 02)2238-9388
http://www.pushkinhouse.co.kr